Impressum
Verlag: BABADADA GmbH, Nedderfeld 112 , 22529 Hamburg
Geschäftsführer / Verlagsleitung: Harald Hof
Druck: Books on Demand GmbH, In de Tarpen 42, 22848 Norderstedt

Imprint
Publisher: BABADADA GmbH, Nedderfeld 112 , 22529 Hamburg, Germany
Managing Director / Publishing direction: Harald Hof
Print: Books on Demand GmbH, In de Tarpen 42, 22848 Norderstedt

AF220428

shule
škola

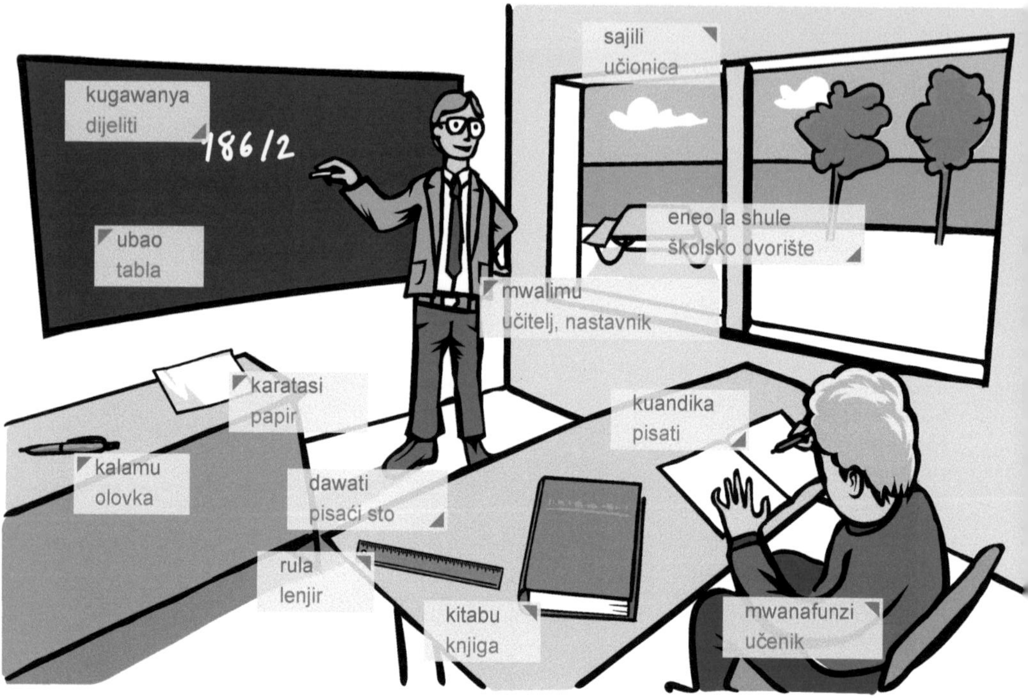

sajili
učionica
kugawanya
dijeliti
186/2
eneo la shule
školsko dvorište
ubao
tabla
mwalimu
učitelj, nastavnik
karatasi
papir
kuandika
pisati
kalamu
olovka
dawati
pisaći sto
rula
lenjir
kitabu
knjiga
mwanafunzi
učenik

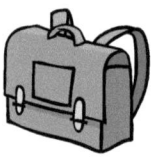

mkoba

torba

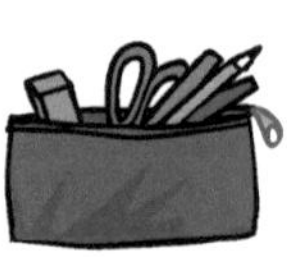

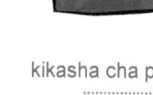

kikasha cha penseli

pernica

penseli

drvena olovka

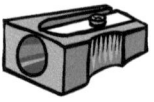

kichonga penseli

šiljalo za olovke

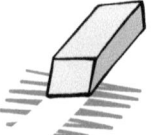

mpira

gumica

pedi ya kuchora

blok za crtanje

uchoraji
....
crtež

brashi ya rangi
....
kist

sanduku la rangi
....
kutija s bojama

mkasi
....
makaze

gundi
....
ljepilo

daftari
....
vježbanka

kazi ya nyumbani
....
domaća zadaća

12

nambari
....
broj

2+2

jumlisha
....
sabirati

5-2

ondoa
....
oduzimati

2×2

zidisha
....
množiti

kokotoa
....
računati

A

barua
....
slovo

**ABCDEFG
HIJKLMN
OPQRSTU
VWXYZ**

alfabeti
....
abeceda

hello

neno
....
riječ

maandishi

tekst

kusoma

čitati

chaki

kreda

somo

sat

sajili

školski dnevnik

uchunguzi

ispit

cheti

svjedočanstvo

sare za shule

školska uniforma

elimu

izobrazba

elezo

leksikon

chuo kikuu

univerzitet

darubini

mikroskop

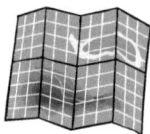

ramani

karta

kikapu cha kuweka karatasi chafu

korpa za papir

usafiri

putovanje

Grand
hoteli
hotel
hosteli
hostel
ROOMS
ofisi ya ubadilishanaji
mjenjačnica
sanduku
kofer
gari
auto

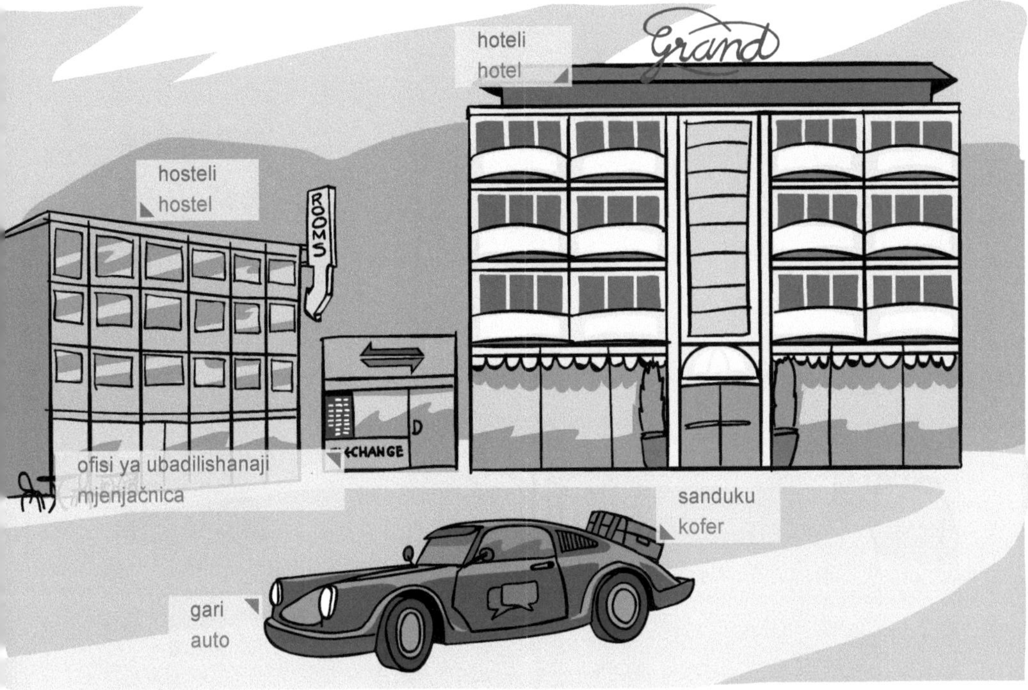

lugha

jezik

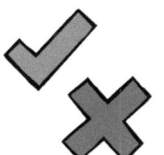

ndiyo / la

da / ne

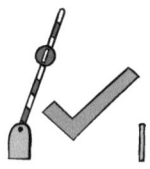

sawa

okej

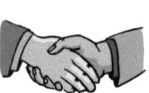

hujambo

zdravo

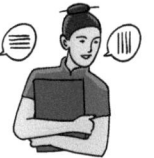

mtafsiri

tumač

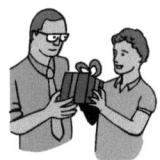

Asante

hvala

kiasi gani ni ...?

Koliko košta...?

Sielewi

Ne razumijem

tatizo

problem

Jioni njema!

dobro veče!

Habari za asubuhi!

Dobro jutro!

Usiku mwema!

Laku noć!

kwa heri

doviđenja

mwelekeo

smjer

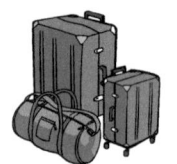

mizigo

prtljag

mfuko

torba

shanta

ruksak

mgeni

gost

chumba

soba

begi la kulalia

vreća za spavanje

hema

šator

usafiri - putovanje

taarifa ya utalii

turističke informacije

ufuo

plaža

kadi

kreditna kartica

kifunguakinywa

doručak

chakula cha mchana

ručak

chakula cha jioni

večera

tiketi

putna karta

kuinua

lift

muhuri

poštanska markica

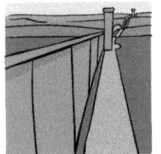

mpaka

granica

mila

carina

ubalozi

ambasada

visa

viza

pasipoti

pasoš

usafiri

transport

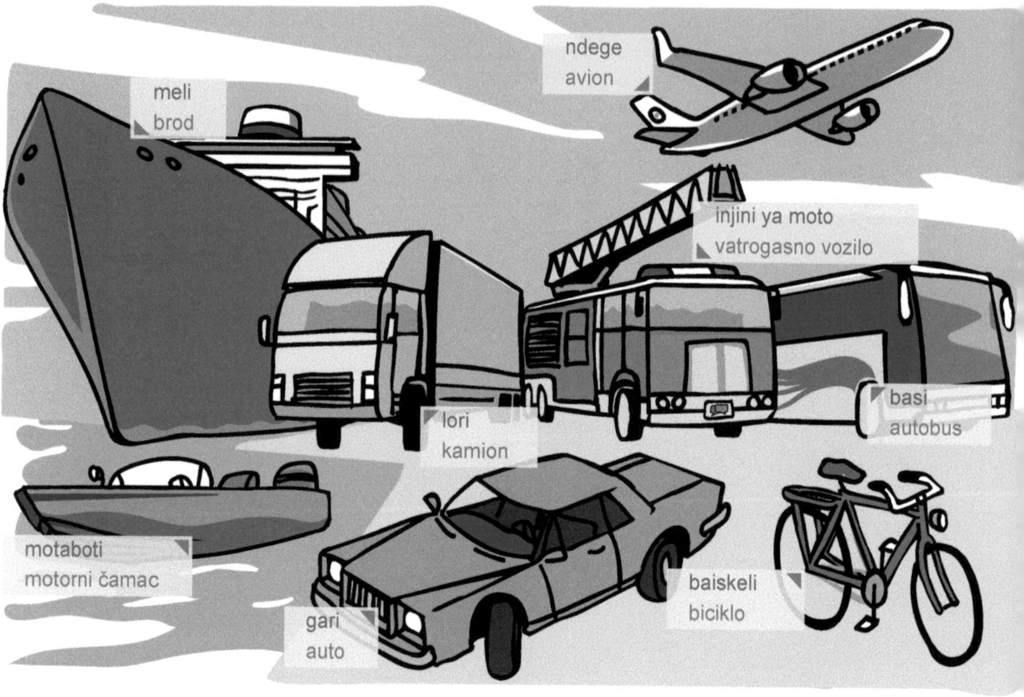

meli
brod
ndege
avion
injini ya moto
vatrogasno vozilo
lori
kamion
basi
autobus
motaboti
motorni čamac
baiskeli
biciklo
gari
auto

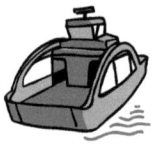

feri

trajekt

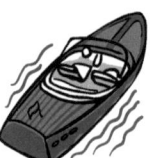

mashua

brod

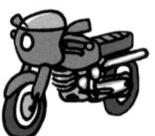

pikipiki

motocikl

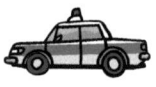

gari la polisi

policijski automobil

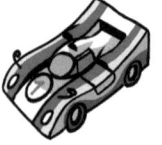

gari la mashindano

trkaći automobil

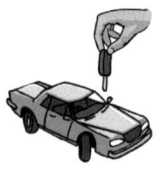

gari la kukodisha

unajmljeni automobil

kushiriki gari

kar-šering

lori la kuvuta

pauk

ukusanyaji taka

smećarsko vozilo

motor

motor

mafuta

gorivo

kituo cha mafuta

benzinska pumpa

ishara trafiki

saobraćajni znak

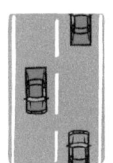

trafiki

saobraćaj

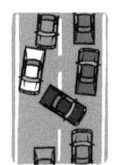

msongamano

zastoj

maegesho

parking

kituo cha treni

željeznička stanica

reli

šine

garimoshi

voz

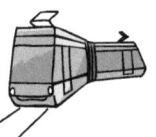

tremu

tramvaj

gari la mizigo

vagon

helikopta

helikopter

uwanja wa ndege

aerodrom

mnara

toranj

abiria

putnik

chombo

kontejner

katoni

karton

mkokoteni

tačke

kikapu

korpa

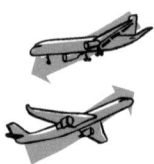

ondoka

poletjeti / sletjeti

jiji

grad

kijiji

selo

katikati ya jiji

centar grada

nyumba

kuća

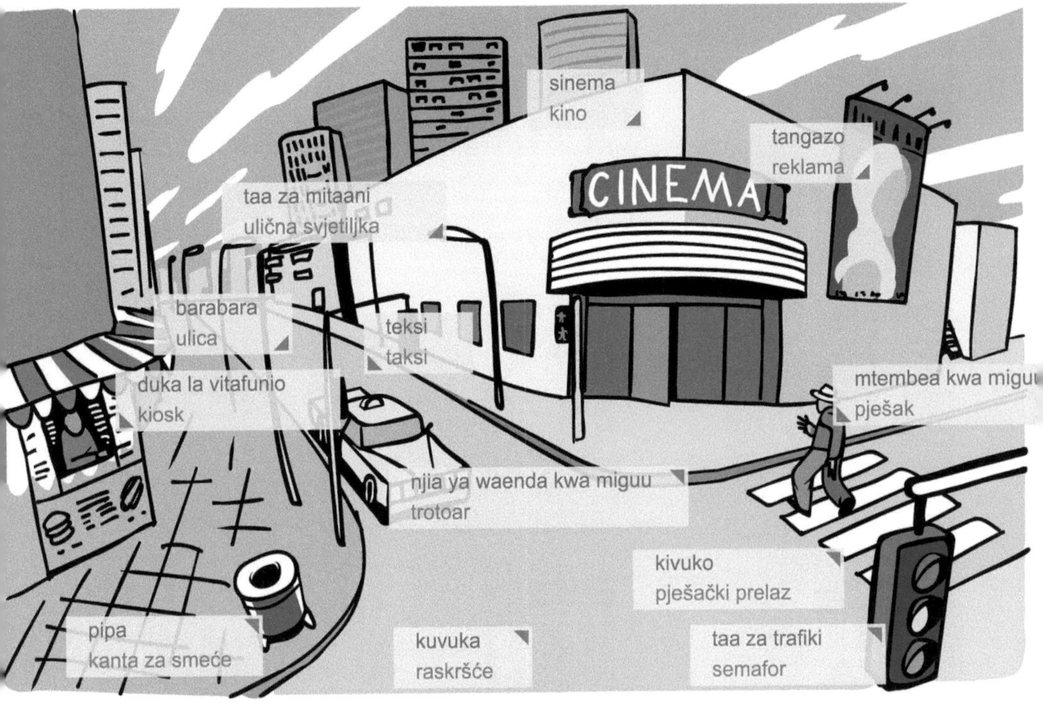

sinema / kino

tangazo / reklama

taa za mitaani / ulična svjetiljka

barabara / ulica

teksi / taksi

duka la vitafunio / kiosk

mtembea kwa miguu / pješak

njia ya waenda kwa miguu / trotoar

kivuko / pješački prelaz

pipa / kanta za smeće

kuvuka / raskršće

taa za trafiki / semafor

kibanda
koliba

gorofa
stan

kituo cha treni
željeznička stanica

ukumbi wa mji
vjećnica

Makavazi
muzej

shule
škola

chuo kikuu

univerzitet

benki

banka

hospitali

bolnica

hoteli

hotel

duka la dawa

apoteka

ofisi

ured

duka la kitabu

knjižara

duka

radnja

duka la maua

cvjećara

dukakuu

supermarket

soko

pijaca

idara ya kuhifadhi

robna kuća

mwuza samaki

prodavač ribe

kituo cha ununuzi

trgovački centar

bandari

luka

Hifadhi

park

benki

klupa

daraja

most

vidato

stepenice

chini ya ardhi

podzemna željeznica

handaki

tunel

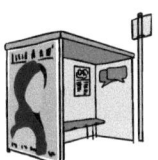

kituo cha mabasi

autobuska stanica

bar

bar

mgahawa

restoran

sanduku la posta

poštanski sandučić

ishara ya barabara

saobraćajni znak

mita ya maegesho

sat za naplatu parkinga

bustani ya wanyama

zoološki vrt

kidimbwi cha kuogelea

bazen

msikiti

džamija

jiji - grad

shamba

seosko imanje

uchafuzi

zagađenje okoline

makaburini

groblje

kanisa

crkva

uwanja wa michezo

igralište

hekalu

hram

mazingira
krajolik

jani
list

ishara ya mwelekeo
putokaz

njia
putokaz

malisho
livada

jiwe
kamen

mtembeaji wa masafa
putnik

mti
drvo

mto
rijeka

nyasi
trava

ua
cvijet

bonde
dolina

kilima
brdo

ziwa
jezero

msitu
šuma

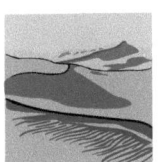

jangwa
pustinja

volkano
vulkan

ngome
dvorac

upinde wa mvua
duga

uyoga
gljiva

mtende
palma

mbu
komarac

kuruka
muha

chungu
mrav

nyuki
pčela

buibui
pauk

mende

buba

chura

žaba

kuchakuro

vjeverica

nungunungu

jež

sungura

zec

bundi

sova

ndege

ptica

swan

labud

nguruwe mwitu

divlja svinja

kulungu

jelen

aina ya kongoni

los

bwawa

brana

tabo ya upepo

vjetrenjača

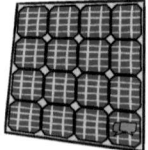

nishaji ya jua

solarni modul

hali ya hewa

klima

mgahawa
restoran

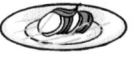

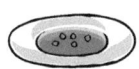

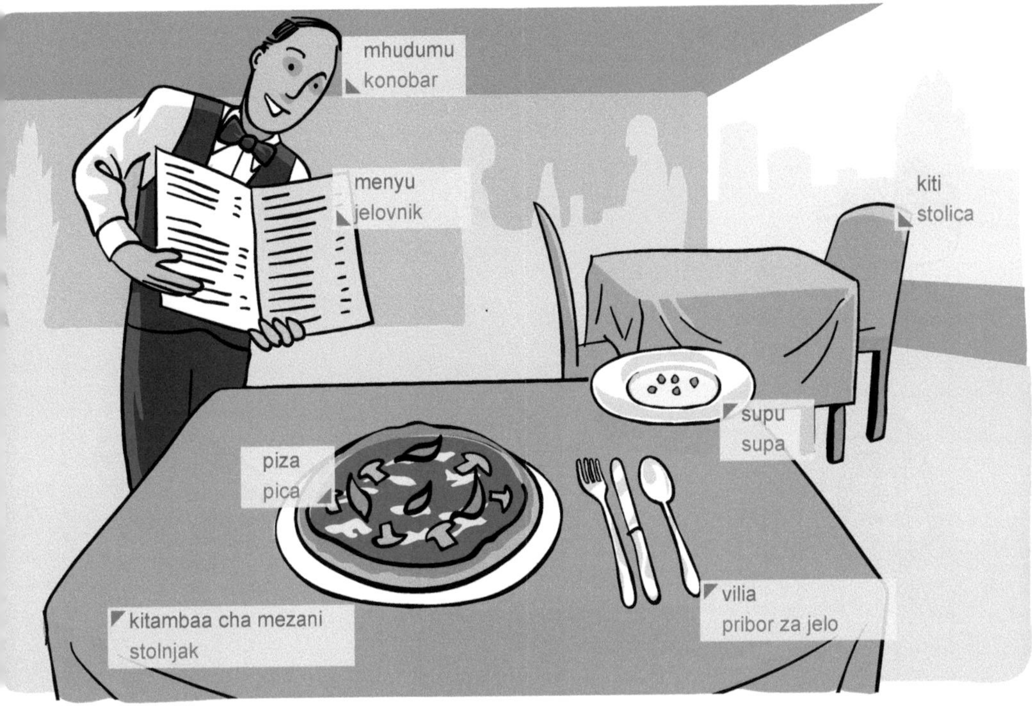
mhudumu
konobar
menyu
jelovnik
kiti
stolica
supu
supa
piza
pica
vilia
pribor za jelo
kitambaa cha mezani
stolnjak

kiamsha hamu

predjelo

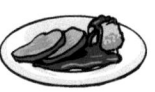

kozi kuu

glavno jelo

kitindamlo

desert

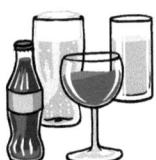

vinywaji

piće

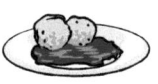

chakula

jelo

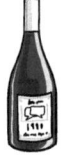

chupa

flaša

chakula cha haraka

brza hrana

Streetfood

jelo sa ulice

buli

čajnik

kisanduku cha sukari

šećernica

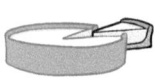

sehemu

porcija

mashine ya espresso

mašina za espreso

kiti kirefu

barska stolica

muswada

račun

trei

tacna

kisu

nož

uma

viljuška

kijiko

kašika

kijiko cha chai

kašičica

nepi

salveta

glasi

čaša

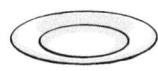

sahani
....
tanjir

sahani ya supu
....
tanjir za supu

sufuria
....
tanjurić

mchuzi
....
sos

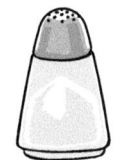

kichanyaji chumvi
....
solanik

kinu cha pilipili
....
mlin za biber

siki
....
sirće

mafuta
....
ulje

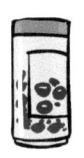 

viungo
....
začini

kechapu
....
kečap

haradali
....
senf

kachumbari nzito
....
majoneza

dukakuu
supermarket

ofa maalum
ponuda
FOR
mteja
klijent
maziwa
mliječni proizvodi
matunda
voće
toroli
kolica za kupovinu

BUTCHERS

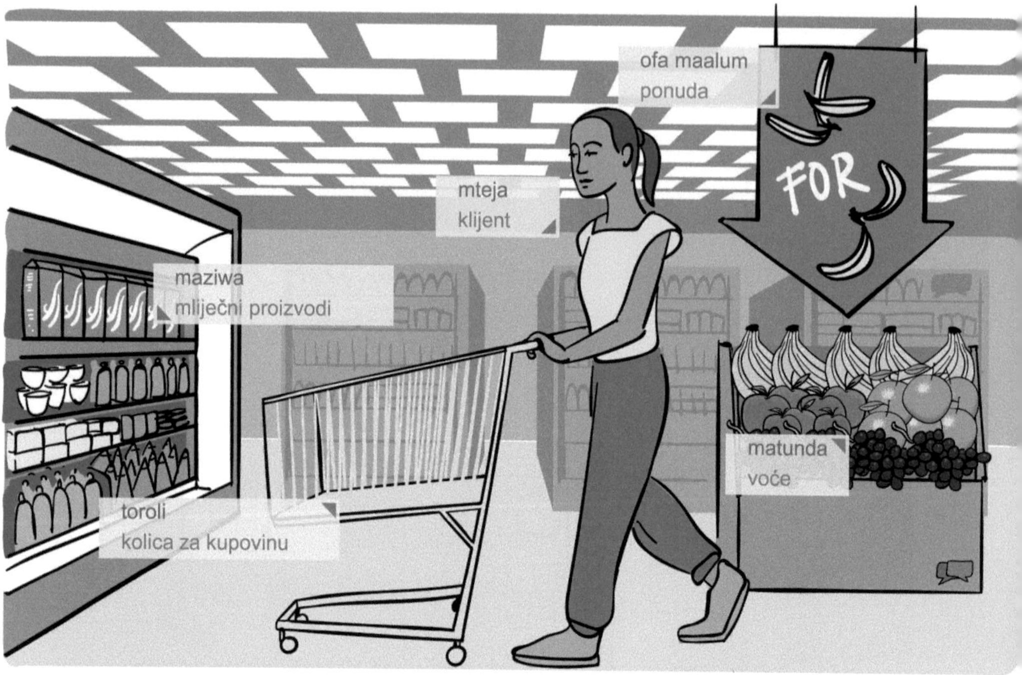

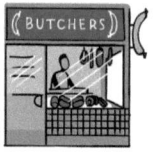

mchinjaji

mesnica- klaonica

BAKERY

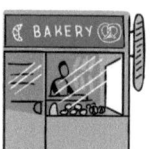

mwokaji

pekara

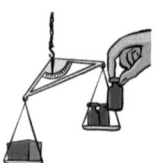

uzito

vagati

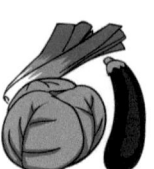

mboga

povrće

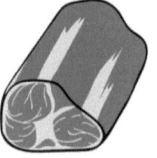

nyama

meso

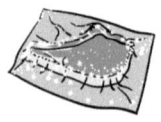

chakula waliohifadhiwa

zaleđena hrana

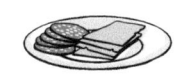

vipande vya nyama baridi

narezak

chakula cha kopo

konzerve

sabuni ya unga

prašak za veš

pipi

slatkiši

bidhaa za kaya

kućanski proizvodi

bidhaa za kusafisha

sredstvo za čišćenje

mtu mauzo

prodavačica

mpaka

kasa

keshia

blagajnik

orodha ya manunuzi

lista za kupovinu

masaa ya ufunguzi

radno vrijeme

mkoba

novčanik

kadi

kreditna kartica

mfuko

torba

mfuko wa plastiki

najlonska vrećica

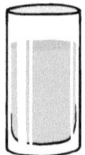

maji

voda

sharubati

sok

maziwa

mlijeko

coke

kola

mvinyo

vino

bia

pivo

pombe

alkohol

kakao

kakao

chai

čaj

kahawa

kafa

spreso

espreso

kapuchino

kapućino

ndizi

banana

tufaha

jabuka

machungwa

narandža

tikiti

lubenica

lemon

limun

karoti

mrkva

kitunguu saumu

bijeli luk

mianzi

bambus

kitunguu

crveni luk

uyoga

gljiva

karanga

orašasti plodovi

nudo

pasta

spageti

špagete

mpunga

riža

saladi

salata

vibanzi

pomfrit

viazi vya kukaanga

pečeni krompir

piza

pica

hambaga

hamburger

sandwichi

sendvič

kipande

šnicla

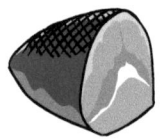

paja la mnyama

šunka

salami

kobasica

soseji

kobasica

kuku

kokoš

choma

pečenje

samaki

riba

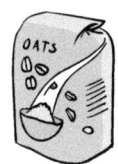

oats ya uji

zobene pahuljice

muesli

muzli

cornflakes

kornfleks

unga

brašno

kroisanti

kroason

andazi

zemičke

mkate

kruh

mkate wa kubanika

tost

biskuti

keksi

siagi

maslac

maziwa mgando

svježi sir

keki

kolač

yai

jaje

yai kukaanga

jaje na oko

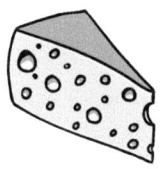

jibini

sir

chakula - jelo

aiskrimu

sladoled

sukari

šećer

asali

med

jemu

marmelada

kuenea kwa chokoleti

nugat krema

mchuzi wa viungo

kuri

chakula - jelo

shamba
seosko imanje

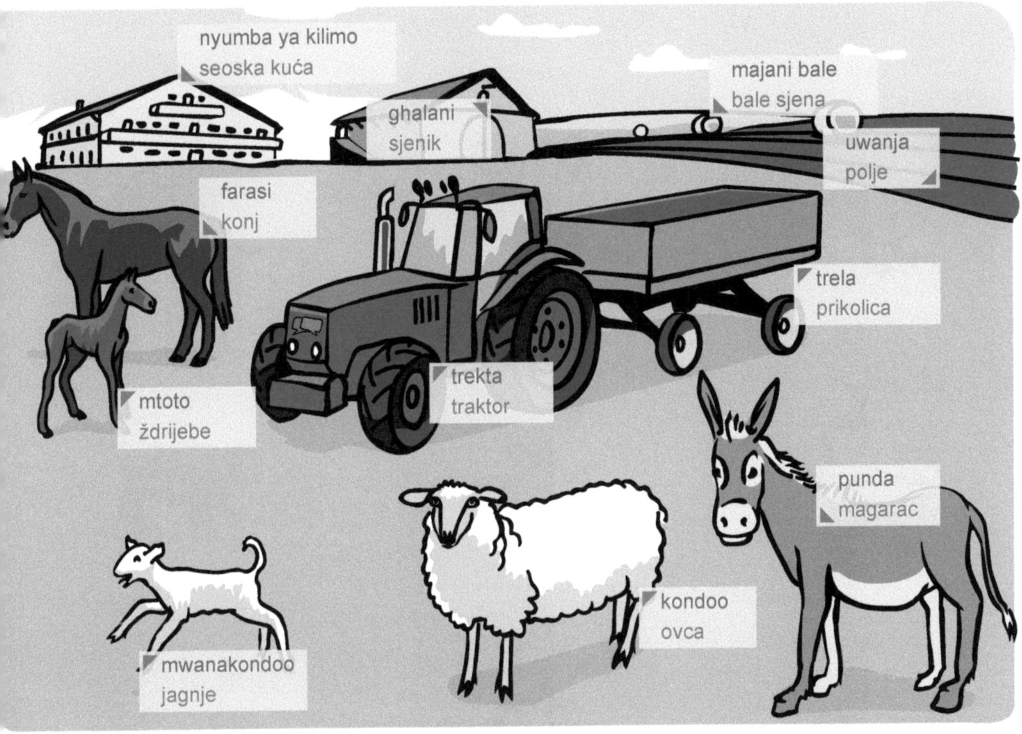
nyumba ya kilimo
seoska kuća
ghalani
sjenik
majani bale
bale sjena
uwanja
polje
farasi
konj
trela
prikolica
mtoto
ždrijebe
trekta
traktor
punda
magarac
kondoo
ovca
mwanakondoo
jagnje

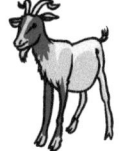

mbuzi

koza

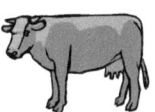

ng'ombe

krava

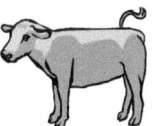

ndama

tele

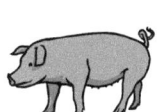

nguruwe

svinja

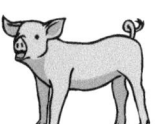

mwananguruwe

prase

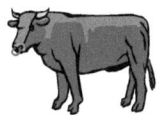

fahali

bik

batabukini

guska

bata

patka

kifaranga

pile

kuku

kokoška

jogoo

pjetao

panya

pacov

paka

mačka

panya

miš

ng'ombe

vol

mbwa

pas

nyumba ya mbwa

pseća kućica

bomba la bustani

crijevo za baštu

debe la kumwagilia maji

kanta za zalijevanje

fyekeo

kosa

kulima

plug

mundu

srp

jembe

motika

uma wa nyasi

vile

shoka

sjekira

toroli

tačke

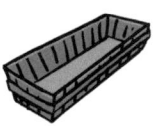

kupitia nyimbo

korito

chombo cha maziwa

bokal za mlijeko

gunia

vreća

ua

ograda

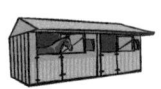

imara

štala

chafu

staklenik

udongo

tlo

mbegu

sjeme

mbolea

đubrivo

kivunaji

kombajn

shamba - seosko imanje

mavuno
kositi

mavuno
žetva

viazi vikuu
jam korijen

ngano
pšenica

soya
soja

viazi
krompir

mahindi
kukuruz

rapa
uljana repica

mti wa matunda
drvo voća

muhogo
manioka

nafaka
žito

nyumba
kuća

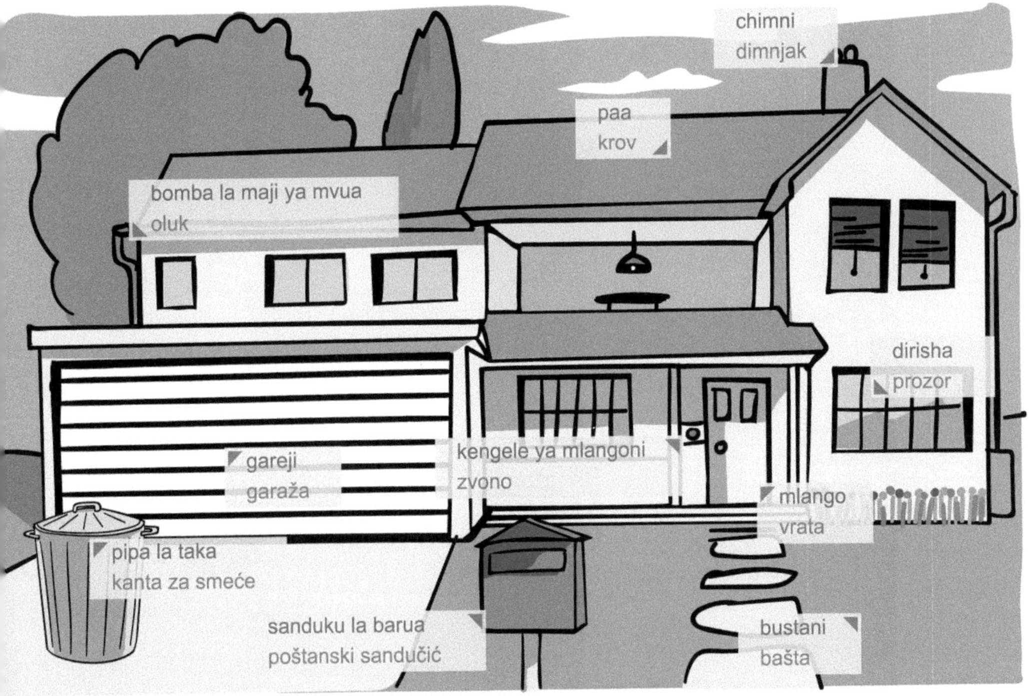

chimni
dimnjak
paa
krov
bomba la maji ya mvua
oluk
dirisha
prozor
gareji
garaža
kengele ya mlangoni
zvono
mlango
vrata
pipa la taka
kanta za smeće
sanduku la barua
poštanski sandučić
bustani
bašta

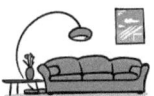

sebuleni
dnevni boravak

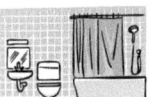

bafu
kupatilo

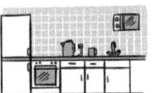

jikoni
kuhinja

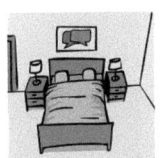

chumba cha kulala
spavaća soba

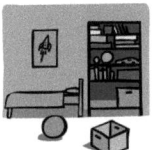

chumba ya mtoto
dječija soba

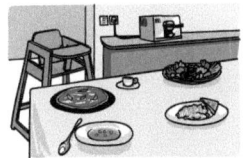

chumba cha kulia
trpezarija

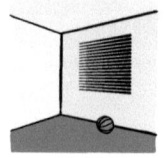

sakafu

pod, tlo

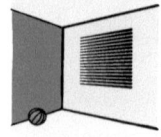

ukuta

zid

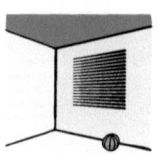

dari

plafon

pishi

podrum

sauna

sauna

roshani

balkon

mtaro

terasa

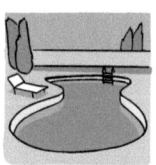

kidimbwi

bazen

mashine ya kukata nyasi

kosilica

karatasi

posteljina

kitambaa cha kupamba
kitanda

pokrivač

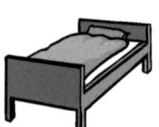

kitanda

krevet

ufagio

metla

ndoo

kanta

kubadili

prekidač

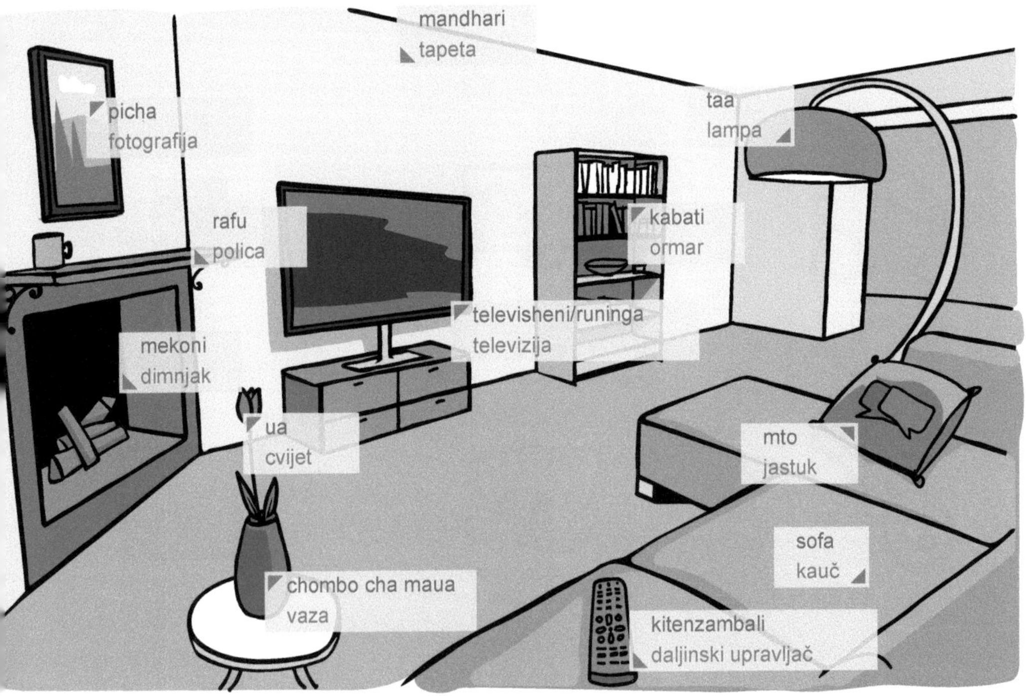

mandhari
tapeta

picha
fotografija

taa
lampa

rafu
polica

kabati
ormar

televisheni/runinga
televizija

mekoni
dimnjak

ua
cvijet

mto
jastuk

sofa
kauč

chombo cha maua
vaza

kitenzambali
daljinski upravljač

zulia
tepih

pazia
zavjesa

meza
stol

kiti
stolica

kiti cha bembea
stolica za ljuljanje

armchair
fotelja

kitabu

knjiga

blanketi

deka

mapambo

dekoracija

kuni

ložno drvo

filamu

film

kifaa cha hi-fi

stereo uređaj

ufunguo

ključ

gazeti

novine

uchoraji

umjetnička slika

bango

poster

redio

radio

daftari

blok za bilješke

kifyonza

usisavač

dungusi kakati

kaktus

mshumaa

svijeća

jikoni
kuhinja

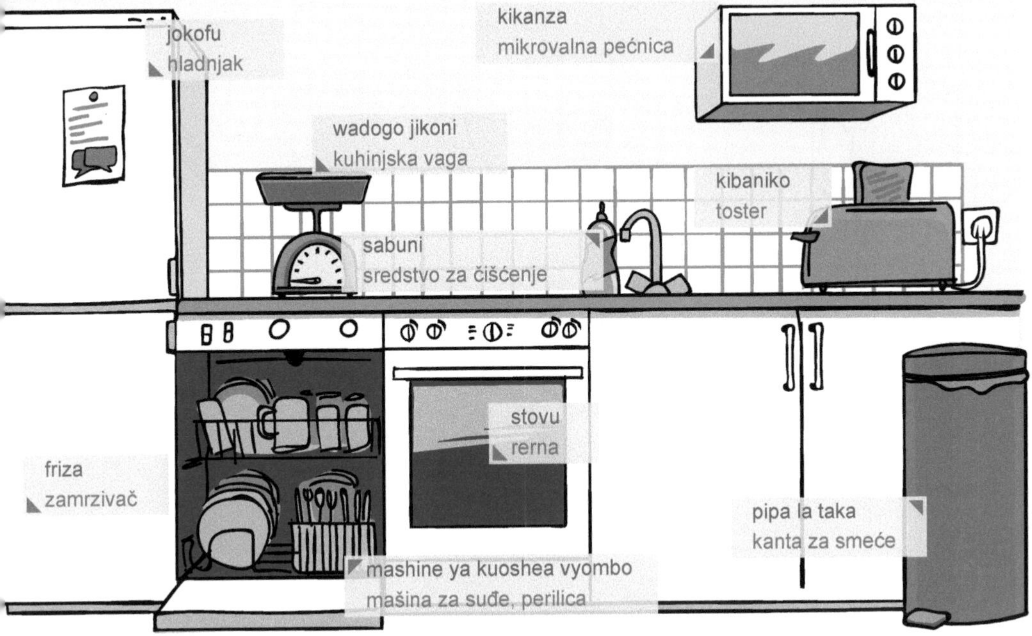
jokofu
hladnjak
kikanza
mikrovalna pećnica
wadogo jikoni
kuhinjska vaga
kibaniko
toster
sabuni
sredstvo za čišćenje
stovu
rerna
friza
zamrzivač
pipa la taka
kanta za smeće
mashine ya kuoshea vyombo
mašina za suđe, perilica

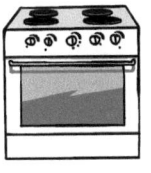

jiko la kupika

peć

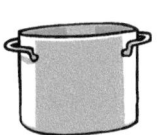

chungu

lonac

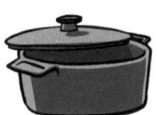

sufuria ya chuma

metalni lonac

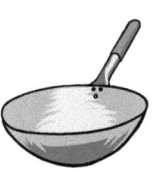

wok / kadai

vok / kadai

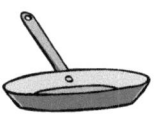

kaango

tava, tiganj

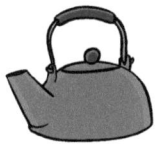

birika

kuhalo

stima

aparat za kuhanje na pari

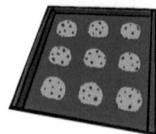

sinia ya kuoka

lim za pečenje

vyombo vya udongo

posuđe

kombe

šalica

bakuli

činija

vijiti vya kulia

kineski štapići

ukawa

kutlača

mwiko mpana

lopatica

burashi

metlica za snijeg bjelanjca

kichujio

sito za kuhanje

chujio

sito

mbuzi

ribež

chokaa

avan s tučkom

barbeque

roštilj

moto wazi

ložište

ubao wa majaribio

daska

kijiti cha kusukuma unga

oklagija

kizibuo

vadičep

kopo

konzerva

inaweza kopo

otvarač za konzerve

kishikio cha chungu

krpe za lonac

karo

sudoper

brashi

četka

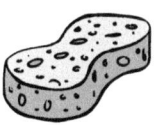

sifongo

spužva

kisagaji matunda

mikser

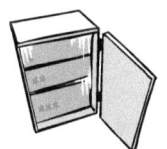

friji ya kina

zamrzivač

chupa ya mtoto

flašica za bebu

bomba

slavina

bafu
kupatilo

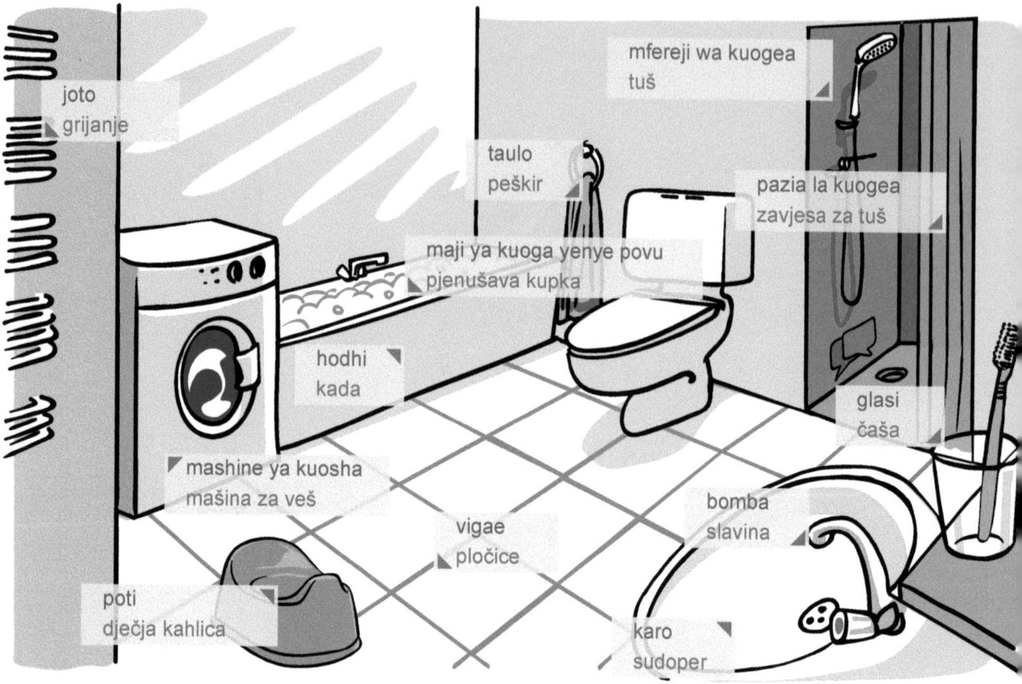
joto
grijanje
mfereji wa kuogea
tuš
taulo
peškir
pazia la kuogea
zavjesa za tuš
maji ya kuoga yenye povu
pjenušava kupka
hodhi
kada
glasi
čaša
mashine ya kuosha
mašina za veš
bomba
slavina
vigae
pločice
poti
dječja kahlica
karo
sudoper

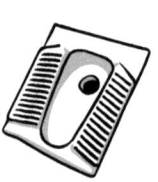

choo
toalet

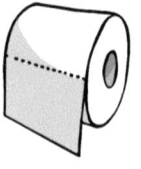

choo cha squat
čučavac

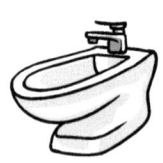

beseni la mviringo
bide

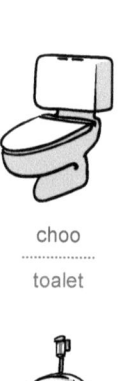

choo cha umma
pisoar

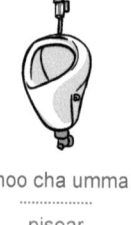

shashi
toalet papir

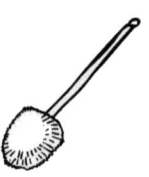

brashi ya choo
četka za wc

mswaki

četkica za zube

dawa ya meno

pasta za zube

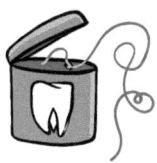

dawa ya meno

zubni konac

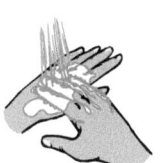

safisha

prati

kuoga mkono

tuš

msukumo wa maji

intimni tuš

bonde

lavor

mpako wa pili

četka za leđa

sabuni

sapun

jeli ya kuogea

gel za tuširanje

shampuu

šampon

flana

krpe za pranje

toa maji

odvod

krimu

krema

kiondoa harufu

dezodorans

kioo

ogledalo

kioo mkono

ogledalo za šminkanje

kinyozi

brijač

povu la kunyoa

pjena za brijanje

baada ya kunyoa

vodica poslije brijanja

kichana

češalj

brashi

četka

kikausha nywele

fen

marashi ya nyewele

sprej za kosu

vipodozi

puder

kidomwa

karmin

varnish ya msumari

lak za nokte

pamba

vata

mkasi wa kucha

makazice za nokte

manukato

parfem

mkoba wa kuosha

kozmetička torbica

kinyesi

hoklica

mizani

vaga

nguo ya kuoga

kupaći ogrtač

glavu za mpira

rukavice za čišćenje

kisodo

tampon

sodo

uložak za dame

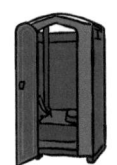

kemikali choo

hemijski toalet

chumba ya mtoto
dječija soba

saa ya kengele
budilnik
kidoli cha kupakata
plišana igračka
gari bandia
auto za igru
kelele
zvečka
chumba cha midoli
kućica za lutke
sasa
poklon

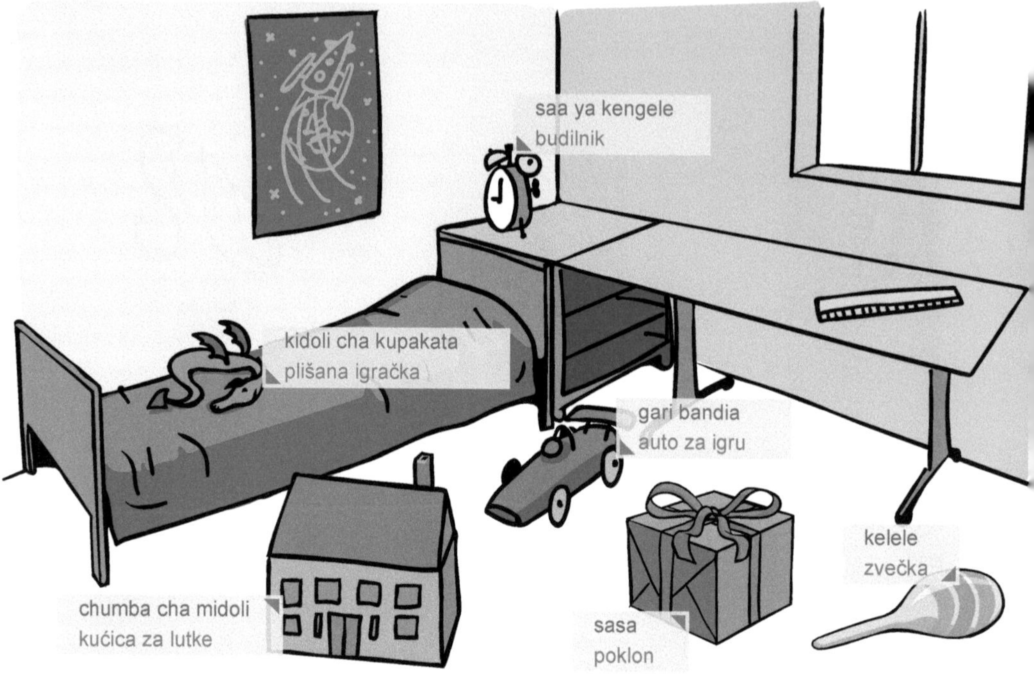

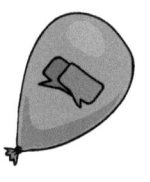

baluni

balon

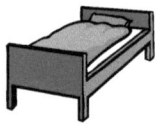

kitanda

krevet

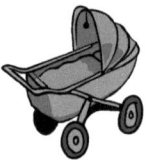

mashua

kolica za djecu

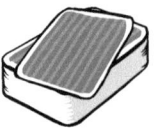

staha ya kadi

karte za igranje

mchezo-fumb

puzle

SUPER
MEGA

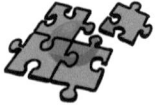

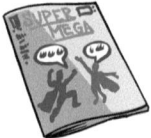

vichekesho

strip

matofali lego

lego kockice

vitalu mwigo

kockice za gradnju

hatua takwimu

akcione figure

suti ya kulalia

benkica

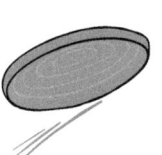

kisahani

frizbi

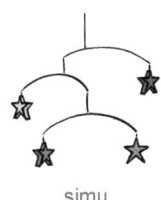

simu

mobile

ubao wa michezo

igra na ploči

kete

kocka

garimoshi mwigo

miniatura željeznice

dummy

cucla

chama

zabava

picha kitabu

slikovnica

mpira

lopta

kikaragosi

lutka

kucheza

igrati

shimo la mchanga

pješćanik

bembea

ljuljačka

vitu bandia

igračke

kiweko cha video ya mchezo

konzola za igru

baiskeli ya magurudumu

triciklo

matatu

mwanasesere

medvjedić

kabati

ormar

nguo

odjeća

soksi

kratke čarape

stokingi

čarape

kibano

hulahopke

skafu
šal

mwavuli
kišobran

fulana
majica kratkih rukava

ukanda
kaiš

viatu
čizme

ndara
papuče

wakufunzi
patike

malapa
sandale

viatu
cipele

mabuti ya mpira
gumene čizme

suruali ya ndani
gaće

sidiria
grudnjak

fulana
potkošulja

mwili
bodi

suruali
hlače

dangirizi
farmerke

sketi
suknja

blauzi
bluza

shati
košulja

vuta
džemper

sweta
majica

bleza
sako

jaketi
jakna

koti
mantil

koti la mvua
kišni mantil

maleba
kostim

gauni
haljina

mavazi ya harusi
vjenčanica

suti
odijelo

vazi la usiku
spavaćica

pajama
pidžama

sari
sari

skafu
marama

kilemba
turban

burka
burka

kaftan
kaftan

abaya
abaja

vazi la kuogelea
kupaći kostim

vazi la kiume la kuogelea
kupaće gaće

kaptura
kratke hlače

teitei
trenerka

aproni
pregača

glavu
rukavice

kifungo

dugme

glasi

naočare

bangili

narukvica

mkufu

ogrlica

pete

prsten

herini

naušnica

kofia

kapa

kiango cha koti

vješalica

kofia

šešir

tai

kravata

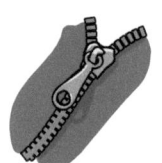

zipu

patentni zatvarač

kofia

kaciga

kanda za suruali

tregeri za hlače

sare za shule

školska uniforma

sare

uniforma

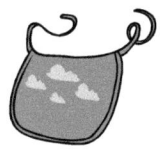

bibu

podbradak

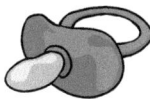

dummy

cucla

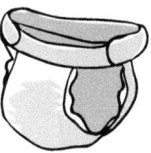

nepi

pelene

ofisi

ured

seva
server
kabati la kuweka faili
ormar za kartoteku
kichapishaji
štampač
karatasi
papir
kiwambo
monitor
kipanya
miš
dawati
pisaći sto
folda
registrator
kibodi
tastatura
pu cha kuweka karatasi chafu
a za papir
kompyuta
kompjuter
kiti
stolica

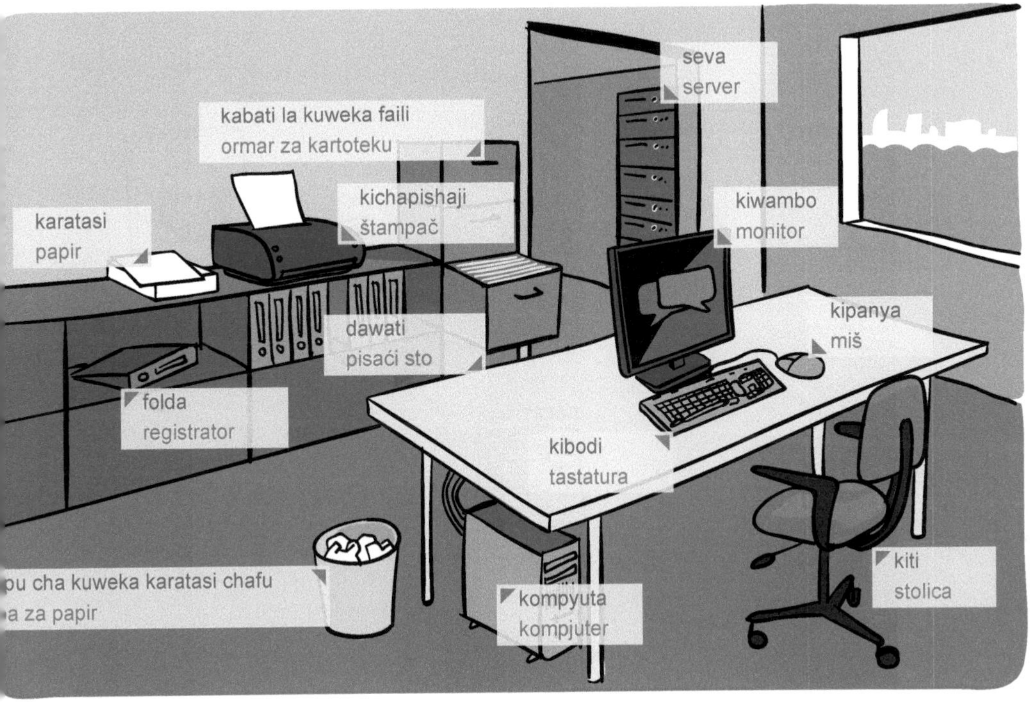

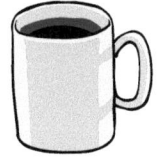

kmobe la kahawa

šolja za kafu

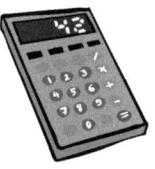

kikokotoo

kalkulator

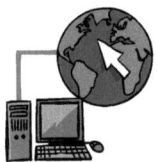

biashara

internet

mbali

laptop

barua

pismo

ujumbe

poruka

rununu

mobilni telefon

intaneti

mreža

fotokopia

aparat za kopiranje

programu

softver

simu

telefon

soketi

utičnica

kipepesi

faks

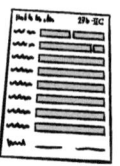

fomu

formular

hati

dokument

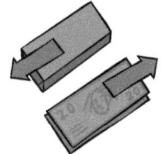

kununua

kupovati

kulipa

platiti

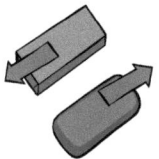

biashara

trgovati

fedha

novac

dola

dolar

yuro

euro

yeni

jen

rouble

rublja

faranga ya Uswisi

franak

renminbi yuan

renminbi jen

rupia

rupi

eneo la kulipia

bankomat

ofisi ya ubadilishanaji

mjenjačnica

dhahabu

zlato

fedha

srebro

mafuta

nafta

nishati

energija

bei

cijena

mkataba

ugovor

kodi

porez

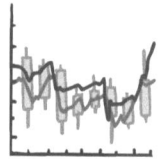

bidhaa

akcija

kazi

raditi

mfanyakazi

službenik

mwajiri

poslodavac

kiwanda

fabrika

duka

radnja

kazi
zanimanja

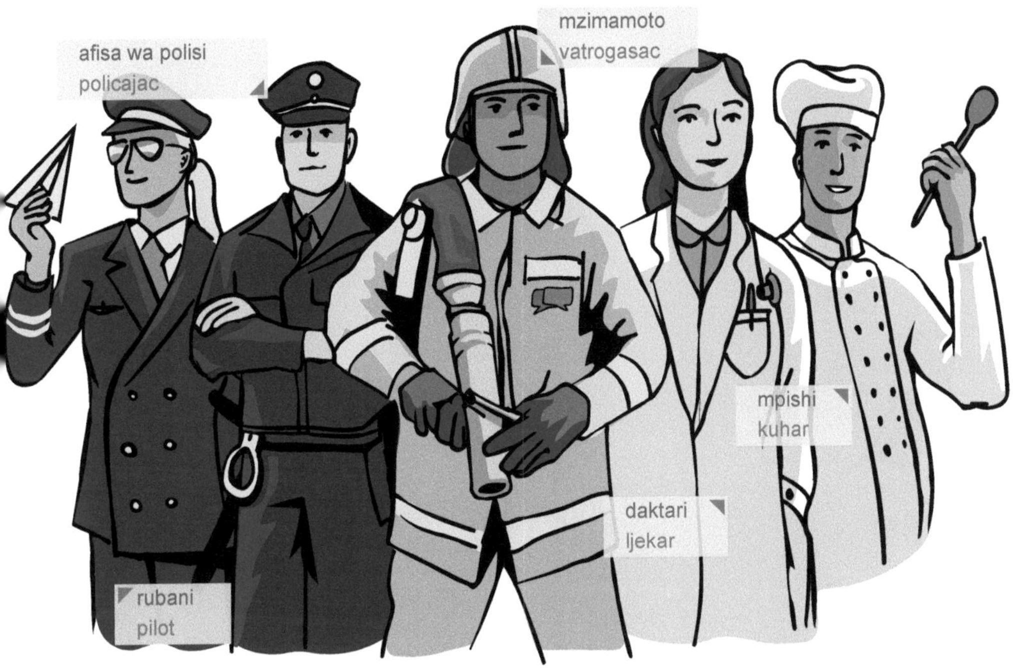
afisa wa polisi
policajac
mzimamoto
vatrogasac
mpishi
kuhar
daktari
ljekar
rubani
pilot

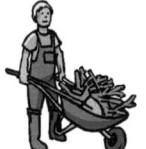

mtunza bustani
bаštovan

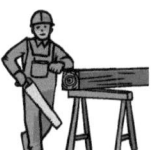

seremala
stolar

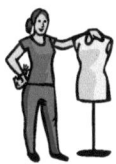

mshonaji
krojačica

hakimu
sudija

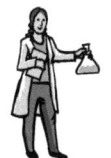

mwanakemia
hemičar

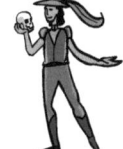

muigizaji
glumac

dereva wa basi

vozač autobusa

dereva wa teksi

vozač taksija

mvuvi

ribar

mwanamke wa kusafisha

čistačica

mwezekaji

krovopokrivač

mhudumu

konobar

mwindaji

lovac

mchoraji

moler

mwokaji

pekar

umeme

električar

mjenzi

građevinski radnik

mhandisi

inženjer

mchinjaji

koljač

fundi bomba

limar, vodoinstalater

mwanaposta

poštar

mwanajeshi

vojnik

msanifu majengo

arhitekta

keshia

blagajnik

muuza maua

cvjećar

msusi

frizer

kondakta

kontrolor

mekanika

mehaničar

nahodha

kapiten

daktari wa meno

zubar

mwanasayansi

naučnik

rabbi

rabin

imamu

imam

mtawa

monah

kasisi

sveštenik

zana
alat

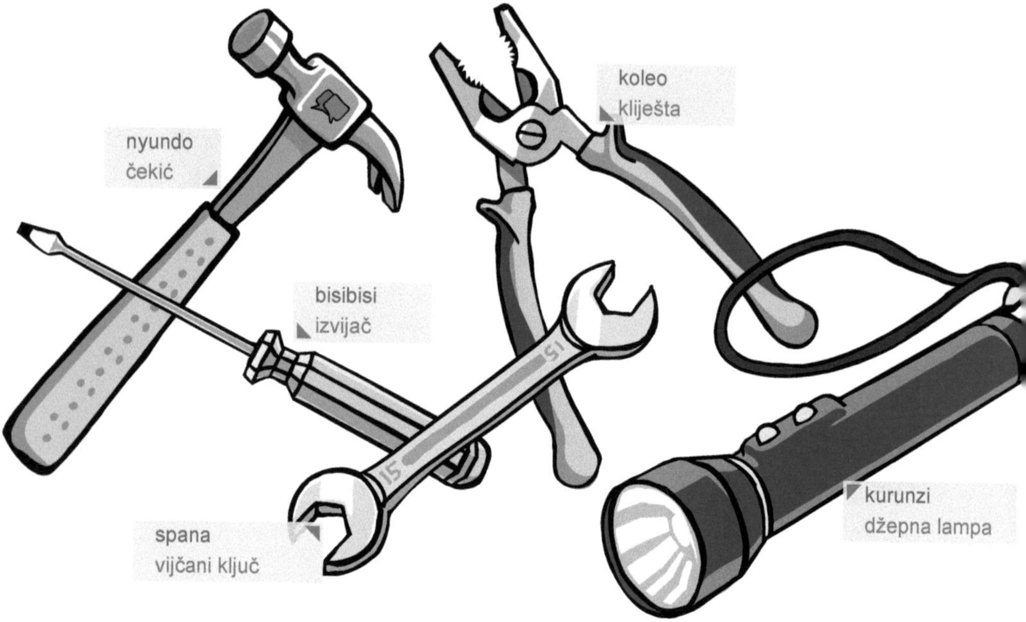

nyundo
čekić
koleo
kliješta
bisibisi
izvijač
spana
vijčani ključ
kurunzi
džepna lampa

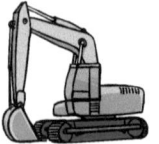

mchimbaji

bager

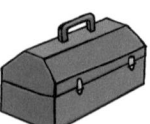

sanduku la vifaa

kutija sa alatom

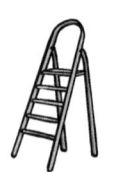

ngazi

ljestve

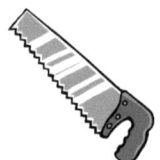

msumeno

testera, pila

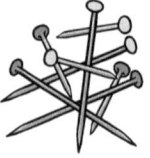

misumari

ekser

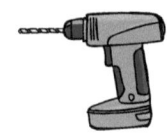

kuchimba visima

bušilica

kukarabati
....
popraviti

sepetu
....
lopata

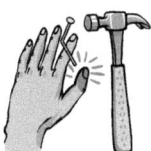

Lo!
....
sranje!

kishikio cha uchafu
....
lopatica

chungu cha rangi
....
kanta boje

skurubu
....
vijak

ala za muziki

muzički instrumenti

spika
zvučnik

mpangilio wa ngoma
bubnjevi

besi mara mbili
kontrabas

tarumbeta
truba

gita
gitara

piano
klavir

fidla
violina

ubeji
bas

timpani
bubanj timpani

ngoma
bubanj

kibodi
sintisajzer

saksafoni
saksofon

filimbi
flauta

maikrofoni
mikrofon

bustani ya wanyama
zološki vrt

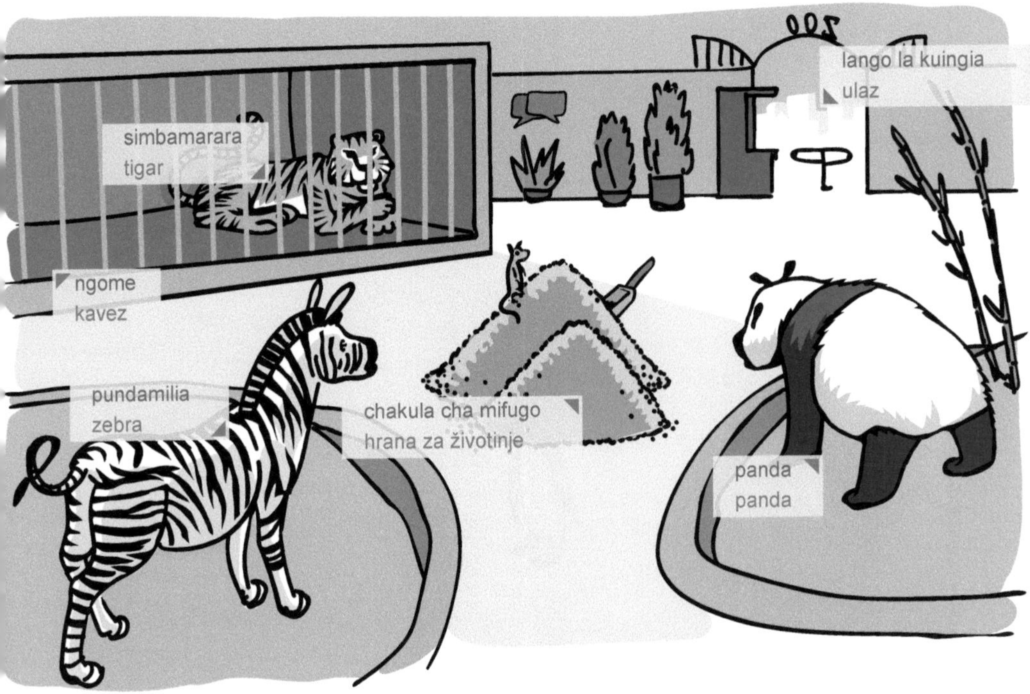

zoo
lango la kuingia
ulaz
simbamarara
tigar
ngome
kavez
pundamilia
zebra
chakula cha mifugo
hrana za životinje
panda
panda

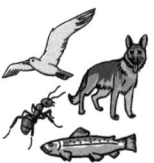

wanyama
....
životinje

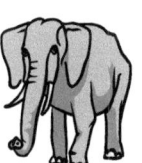

tembo
....
slon

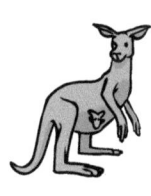

kangaruu
....
kengur

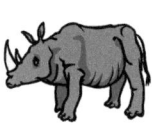

kifaru
....
nosorog

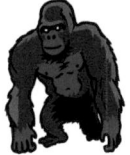

sokwe
....
gorila

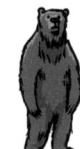

dubu
....
medvjed

ngamia

kamila

mbuni

noj

simba

lav

tumbili

majmun

heroe

flamingo

kasuku

papagaj

dubu

polarni medvjed

penguini

pingvin

papa

morski pas

tausi

paun

nyoka

zmija

mamba

krokodil

mtunza wanyama

čuvar u zoološkom vrtu

muhuri

tuljan

jaguar

jaguar

mwanafarasi

poni

chui

leopard

kiboko

nilski konj

twiga

žirafa

tai

orao

nguruwe mwitu

divlja svinja

samaki

riba

kobe

kornjača

sili

morž

mbweha

lisica

paa

gazela

soka ya marekani
američki fudbal

uendeshaji baiskeli
vožnja bicikla

tenisi
tenis

mpira wa kikapu
košarka

kuogelea
plivanje

ndondi
boks

magongo ya barafuni
hokej na ledu

soka
fudbal

vinyoya
bedminton

riadha
laka atletika

mpira wa mikono
rukomet

skii
skijanje

polo
polo

cheka
smijati se

kuruka
skakati

kumbatia
zagrliti

kutembea
ići

kuimba
pjevati

ota ndoto
sanjati

kuomba
moliti

busu
ljubiti

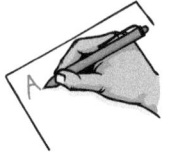

kuandika

pisati

kuteka

crtati

angalia

pokazati

sukuma

gurati

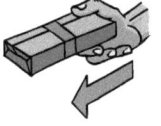

kutoa

dati

kuchukua

uzeti

kuwa

imati

fanya

raditi

kuwa

biti

kusimama

stajati

kukimbia

trčati

vuta

vući

kutupa

baciti

kuanguka

pasti

hadaa

ležati

kusubiri

čekati

kubeba

nositi

kukaa

sjediti

vaa nguo

obući

usingizi

spavati

kuamka

probuditi

kuangalia

pogledati

lia

plakati

kiharusi

milovati

chana nywele

češljati

ongea

govoriti

kuelewa

razumjeti

kuuliza

pitati

kusikiliza

slušati

kunywa

piti

kula

jesti

nadhifisha

pospremiti

upendo

voljeti

mpishi

kuhati

gari

voziti

kuruka

letjeti

meli
jedriti

kokotoa
računati

kusoma
čitati

kujifunza
učiti

kazi
raditi

kuoa
vjenčavti

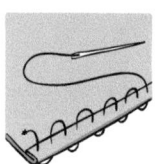

kushona
šiti

piga mswaki
prati zube

kuua
ubiti

moshi
pušiti

kutuma
slati

bibi
baka

babu
djed

baba
otac

mama
majka

mtoto
beba

binti
kćerka

bin
sin

mgeni
gost

shangazi
ujna, tetka, strina

mjomba
ujak, tetak, stric

kaka
brat

dada
sestra

mwili

tijelo

paji la uso
čelo
jicho
oko
bega
leđa
kidole
prst
uso
lice
kidevu
brada
mkono
ruka, šaka
matiti
grudi
mguu
noga
mkono
ruka

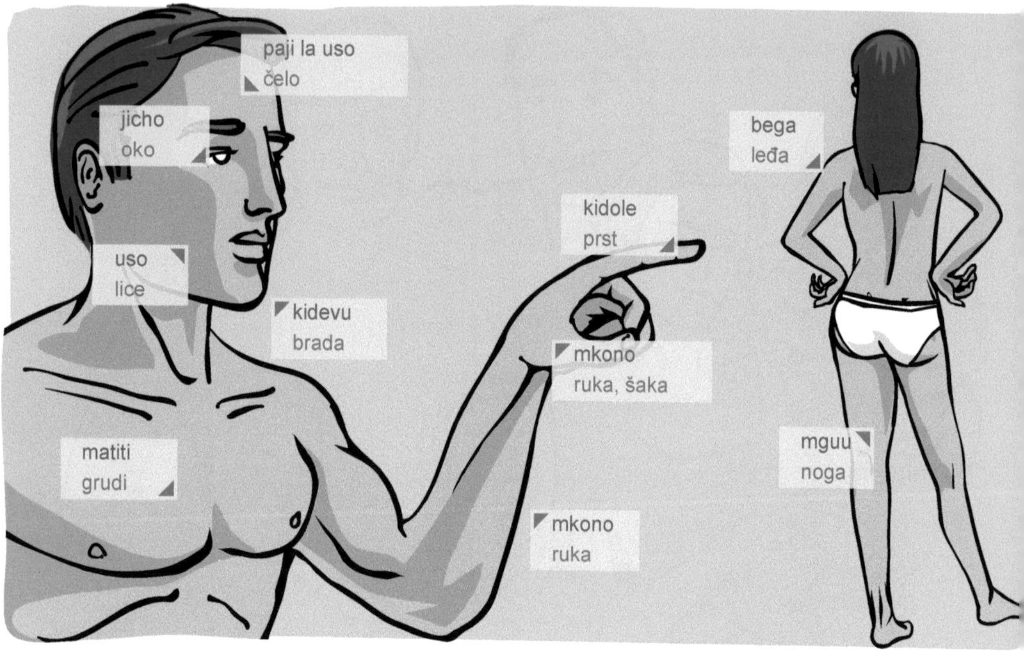

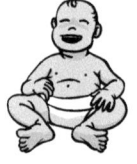

mtoto

beba

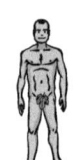

mwanamume

muškarac

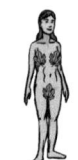

mwanamke

žena

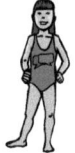

msichana

djevojčica

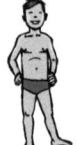

mvulana

dječak

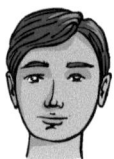

kichwa

glava

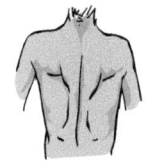

nyuma

leđa

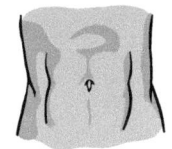

tumbo

stomak

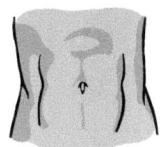

kitovu

pupak

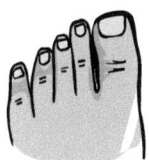

chano

nožni prst

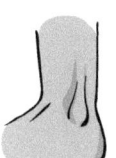

kisigino

peta

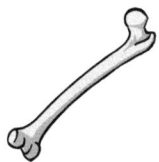

mfupa

kosti

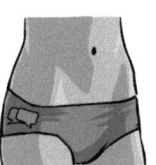

nyonga

kuk

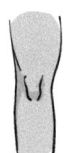

goti

koljeno

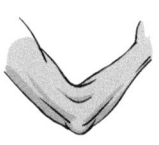

kiwiko

lakat

pua

nos

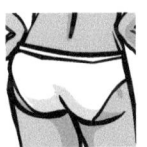

chini

stražnjica

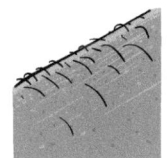

ngozi

koža

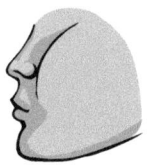

shavu

obraz

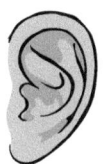

sikio

uho

mdomo

usna

kinywa

usta

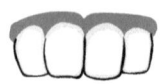

jino

zub

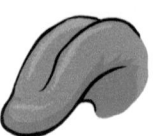

ulimi

jezik

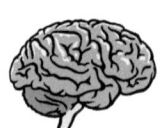

ubongo

mozak

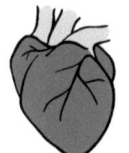

moyo

srce

misuli

mišić

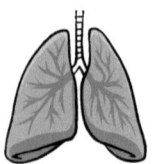

pafu

pluća

ini

jetra

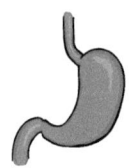

tumbo

želudac

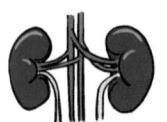

figo

bubreg

jinsia

spolni odnos

kondomu

kondom

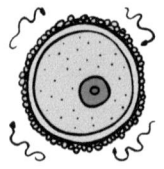

ovari

jajna ćelija

shahawa

sperma

mimba

trudnoća

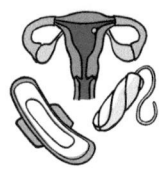

hedhi
menstruacija

uke
vagina

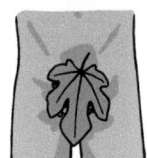

uume
penis

unyusi
obrva

nywele
kosa

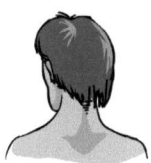

shingo
vrat

bolnica

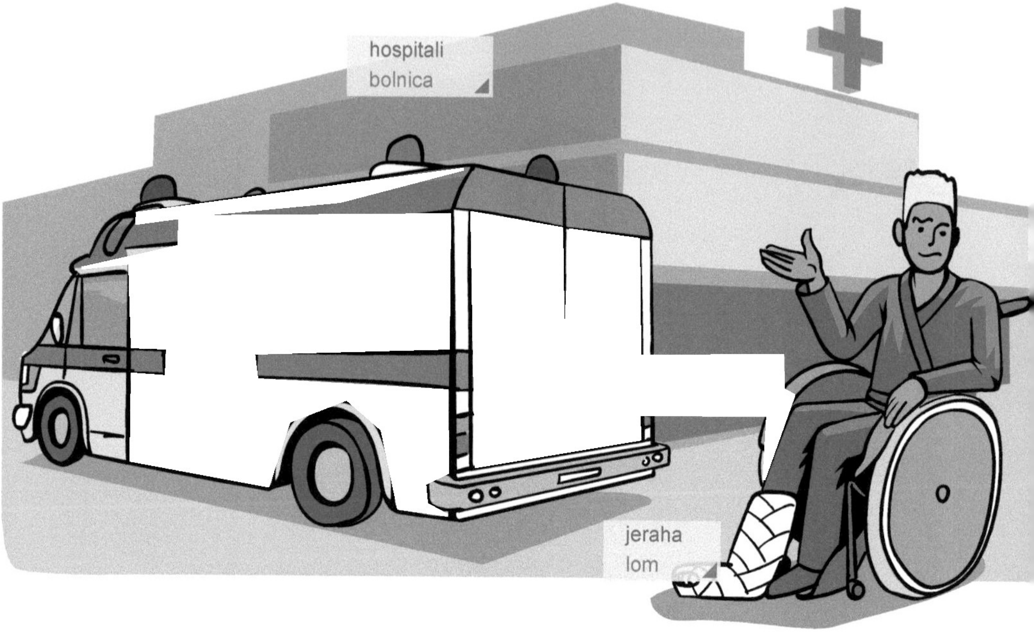

hospitali
bolnica

jeraha
lom

daktari

ljekar

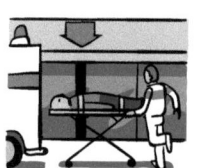

chumba cha dharura

hitna služba

muuguzi

medicinska sestra

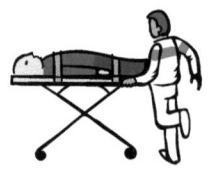

dharura

hitna pomoć

kupoteza fahamu

nesvjest

maumivu

bol

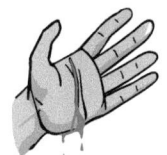

kuumia

povreda

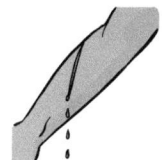

kutokwa na damu

krvarenje

mshtuko wa moyo

srčani udar, infarkt

kiharusi

moždani udar

mzio

alergija

kikohozi

kašalj

homa

groznica

mafua

gripa

kuharisha

proljev

maumivu ya kichwa

glavobolja

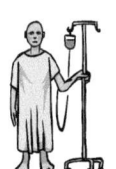

kansa

rak

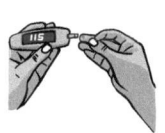

ugonjwa wa kisukari

dijabetes

daktari mpasuaji

hirurg

kisu kidogo cha kupasulia

skalpel

operesheni

operacija

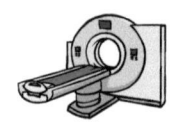

picha changanufu ya mwili

CT

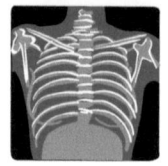

Eksrei

rendgen

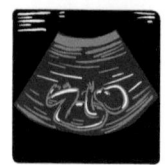

mawimbi sauti

ultrazvuk

barakoa ya uso

maska

ugonjwa

bolest

chumba cha kusubiri

čekaonica

mkongojo

štake

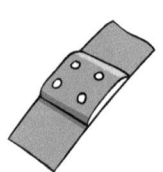

plasta

flaster

bendeji

zavoj

sindano

injekcija

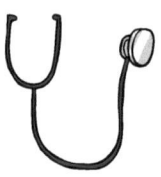

stetoskopu

stetoskop

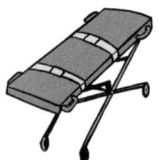

machela

nosilo

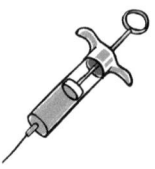

kipimajoto cha kliniki

termometar

kuzaliwa

porod

unene kupita kiasi

prekomjerna težina, debljina

kusikia misaada

slušni aparat

kipukusi

sredstvo za dezinfekciju

maambukizi

infekcija

virusi

virus

VVU / UKIMWI

HIV/ AIDS

dawa

medicina

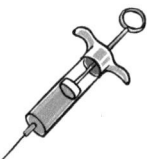

chanjo

vakcinacija

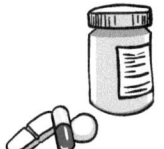

vidonge

tablete

kidonge

pilula

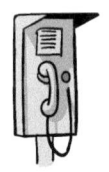

simu ya dharura

hitni poziv

haemodainamometa

aparat za mjerenje pritiska

mgonjwa / mwenye afya

bolestan / zdrav

Msaada!

Upomoć!

kengele

alarm

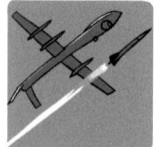

pigo

napad, prepad

shambulizi

napad

hatari

opasnost

lango la dharura

izlaz u slučaju opasnosti

Moto!

Požar!

kizima moto

vatrogasni aparat

ajali

nezgoda

vifaa vya huduma ya kwanza

torba prve pomoći

wito wa msaada

SOS

polisi

policija

Ulaya

Europa

Amerika ya Kaskazini

Sjeverna Amerika

Amerika ya Kusini

Južna Amerika

Afrika

Afrika

Asia

Azija

Australia

Australija

Atlantiki

Atlantik

Pasifiki

Pacifik

Bahari ya Hindi

Indijski okean

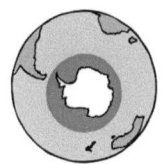

Bahari ya Antaktiki

Antarktički okean

Bahari ya Aktiki

Arktički okean

Ncha ya Kaskazini

Sjeverni pol

Ncha ya Kusini
....
Južni pol

Antaktika
....
Antarktik

dunia
....
Zemlja

nchi
....
zemlja

bahari
....
more

kisiwa
....
ostrvo

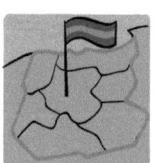

taifa
....
nacija

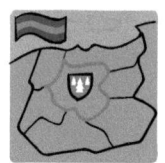

jimbo
....
država

uso wa saa

brojčanik sata

akrabu ya saa

kazaljka sata

akrabu ya dakika

kazaljka minute

akrabu ya sekunde

kazaljka sekunde

Ni saa ngapi?

Koliko je sati?

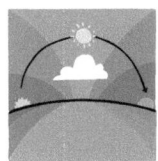

siku

dan

wakati

vrijeme

sasa

sada

saa ya dijitali

digitalni sat

dakika

minuta

saa

sat

sedmica, nedjelja

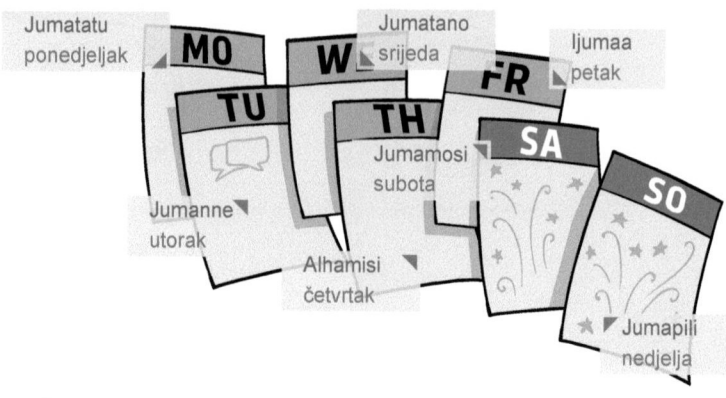

Jumatatu ponedjeljak		Jumatano srijeda		Ijumaa petak
MO	W		FR	
	TU	TH		SA
		Jumamosi subota		SO
Jumanne utorak				
		Alhamisi četvrtak		
				Jumapili nedjelja

jana

juče

leo

danas

kesho

sutra

asubuhi

jutro

saa sita mchana

podne

jioni

veče

siku za biashara

radni dani

mwishoni mwa wiki

vikend

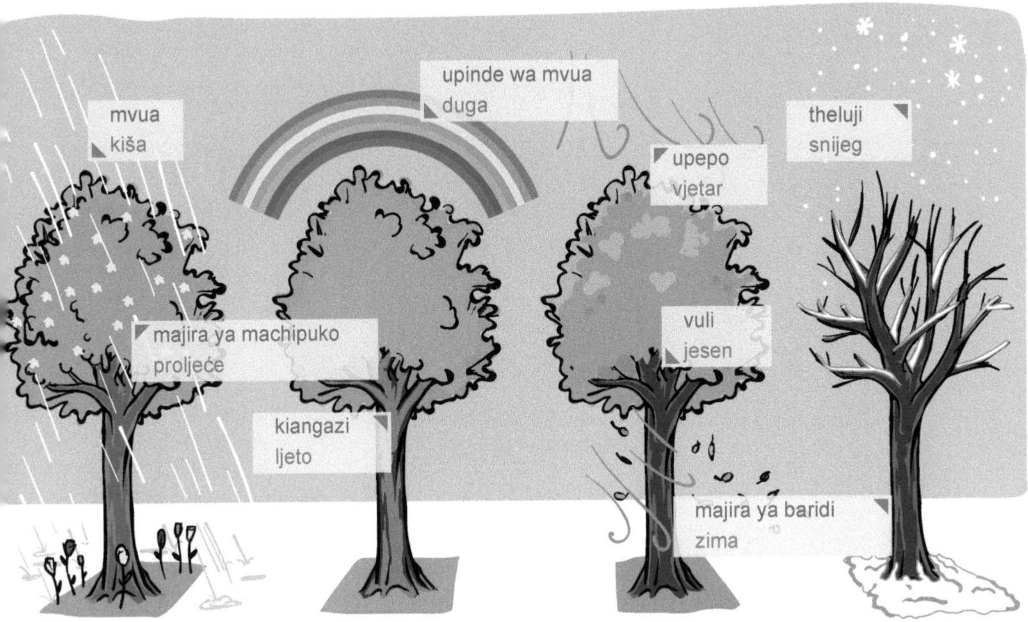

mvua
kiša

upinde wa mvua
duga

theluji
snijeg

upepo
vjetar

majira ya machipuko
proljeće

vuli
jesen

kiangazi
ljeto

majira ya baridi
zima

4.APRIL 11°
5.APRIL 4°
6.APRIL 13°
7.APRIL 8°
8.APRIL 10°

utabiri wa hali ya hewa

prognoza vremena

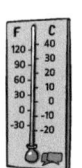

kipimajoto

termometar

mwanga wa jua

sunčev sjaj

wingu

oblak

ukungu

magla

unyevu

vlažnost vazduha

umeme

munja

radi

grom

dhoruba

oluja

mvua ya mawe

tuča, led

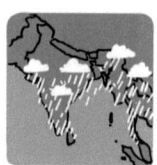

monsuni

monsun

mafuriko

poplava

barafu

led

Januari

januar

Februari

februar

Machi

mart

Aprili

april

Mei

maj

Juni

juni

Julai

juli

Agosti

avgust

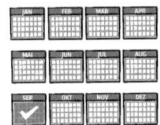

Septemba
....
septembar

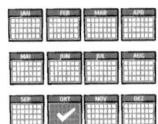

Oktoba
....
oktobar

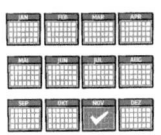

Novemba
....
novembar

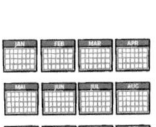

Desemba
....
decembar

mduara
....
krug

mraba
....
kvadrat

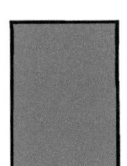

mstatili
....
pravougao

pembetatu
....
trougao

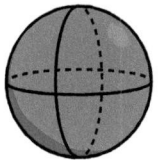

nyanja
....
kugla

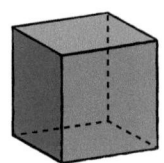

mchemraba
....
kocka

nyeupe

bjel

manjano

žut

chungwa

narandžast

rangi ya waridi

pink

nyekundu

crven

hudhurungi

ljubičast

bluu

plav

kijani

zelen

hanja

smeđ

jivujivu

siv

nyeusi

crn

mengi / kidogo

malo / mnogo

hasira / pole

ljutit / miran

nzuri / mbaya

lijep / ružan

mwanzo / mwisho

početak / kraj

kubwa / ndogo

veliki / mali

angavu / giza

svijetlo / tamno

kaka / dada

brat / sestra

safi / chafu

čist / prljav

kamilika / tokamilika

potpun / nepotpun

siku / usiku

dan / noć

wafu / hai

mrtav / živ

pana / nyembamba

široko / usko

kulika / kutolika

ukusno / neukusno

ovu / ema

zao / prijatan

sisimkwa / udhika

uzbuđen / dosadan

nene / nyembamba

debeo / mršav

kwanza / mwisho

najprije / najkasnije

rafiki / adui

prijatelj / neprijatelj

jaa / tupu

pun / prazan

ngumu / laini

trvd / mekan

nzito / nyepesi

težak / lagan

njaa / kiu

glad / žeđ

mgonjwa / mwenye afya

bolestan / zdrav

haramu / kisheria

ilegalan / legalan

akili / kijinga

inteligentan / glup

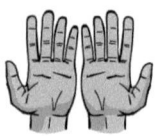

kushoto / kulia

lijevo / desno

karibu / mbali

blizu / daleko

mpya / kutumika
nov / polovan

kitu / jambo
ništa / nešto

zee / changa
star / mlad

waka / zima
uključeno / isključeno

wazi / fungwa
otvoreno / zatvoreno

utulivu / kelele
tiho / glasno

tajiri / masikini
bogat / siromašan

sahihi / kosa
tačno / pogrešno

mbaya / laini
hrapav / glatak

huzunika / furahia
tužan / srećan

fupi /ndefu
kratak / dug

polepole / haraka
spor / brz

nyevu / kavu
mokro / suho

joto / baridi
toplo / hladno

vita / amani
rat / mir

0

sufuri

nula

1

moja

jedan

2

mbili

dva

3

tatu

tri

4

nne

četiri

5

tano

pet

6

sita

šest

7

saba

sedam

8

nane

osam

9

tisa

devet

10

kumi

deset

11

kumi na moja

jedanaest

12
kumi na mbili

dvanaest

13
kumi na tatu

trinaest

14
kumi na nne

četrnaest

15
kumi na tano

petnaest

16
kumi na sita

šesnaest

17
kumi na saba

sedamnaest

18
kumi na nane

osamnaest

19
kumi na tisa

devetnaest

20
ishirini

dvadeset

100
mia

sto

1.000
elfu

hiljada

1.000.000
milioni

milion

Kiingereza
engleski

Kiingereza cha Marekani
američki engleski

Kimandarini cha Uchina
kinesko mandarinski

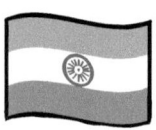

Kihindi
hindi

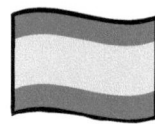

Kihispania
španski

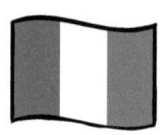

Kifaransa
francuski

Kiarabu
arapski

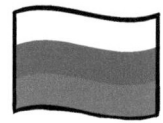

Kirusi
ruski

Kireno
portugalski

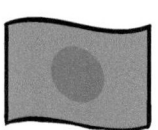

Kibengali
bengalski

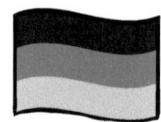

Kijerumani
njemački

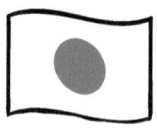

Kijapani
japanski

mimi
....
ja

wewe
....
ti

yeye / yeye / ni
....
on / ona / ono

sisi
....
mi

wewe
....
vi

wao
....
oni

nani?
....
ko?

nini?
....
šta?

jinsi gani?
....
kako?

wapi?
....
gdje?

lini?
....
kada?

jina
....
ime

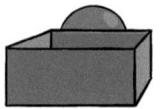

nyuma

iza

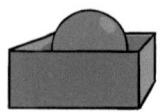

katika

u

mbele ya

pred

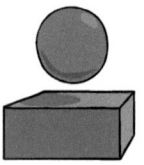

juu ya

iznad

kwenye

na

chini ya

ispod

kando

pored

kati

između

mahali

mjesto